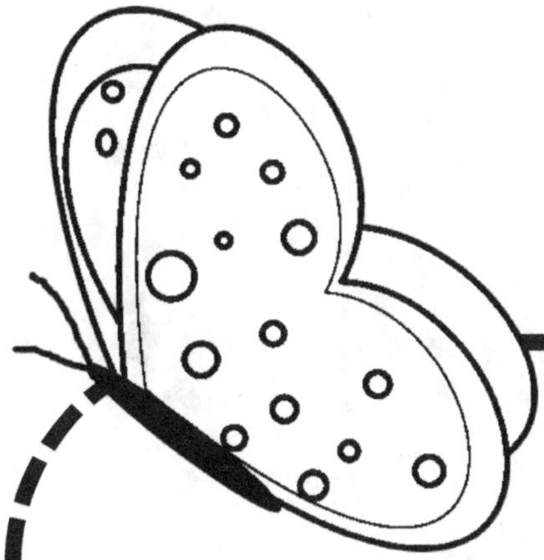

My name is :

....

I am ....**years old**

My first book of
patterns
pencil control

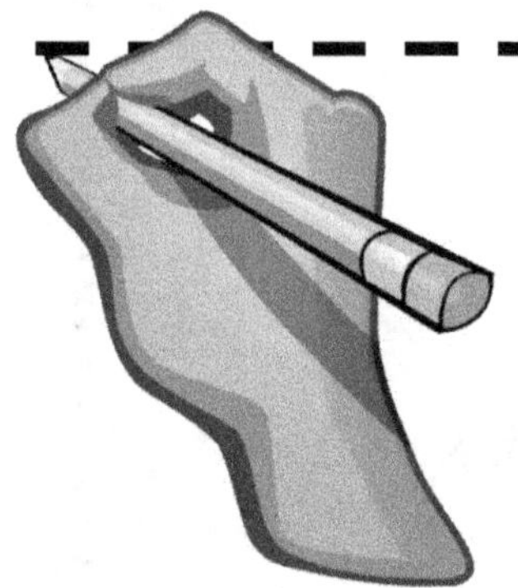

THANK YOU FOR GETTING OUR BOOK!
IF YOU FIND THIS BOOK FUN AND
USEFUL, WE WOULD BE VERY
GRATEFUL IF YOU POSTED A SHORT
REVIEW ON AMAZON! YOUR SUPPORT
DOES MAKE A DIFFERENCE.

My first book of patterns pencil   control

Let's trace !
are you ready ?
Let's go

Let's trace

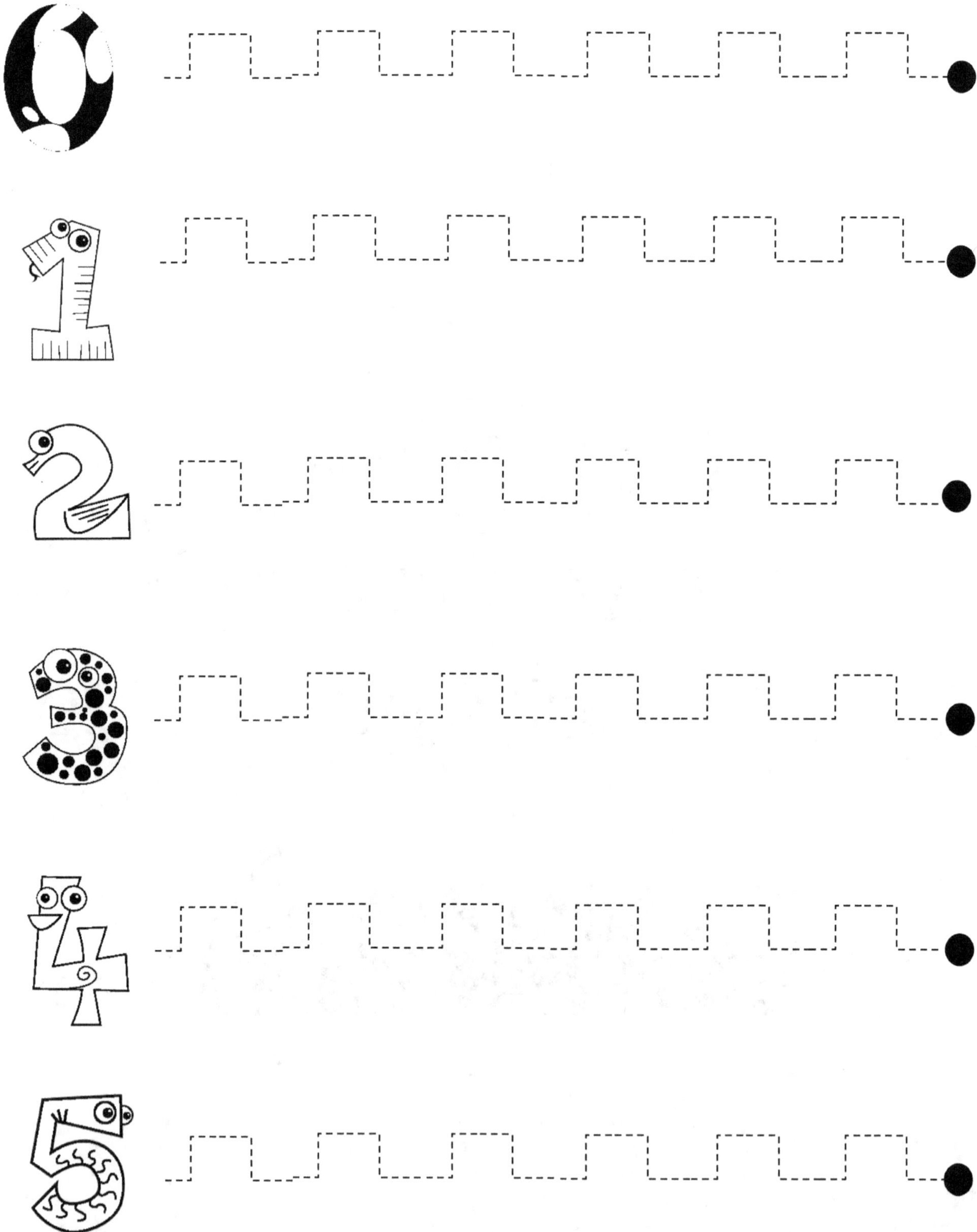

Let's trace

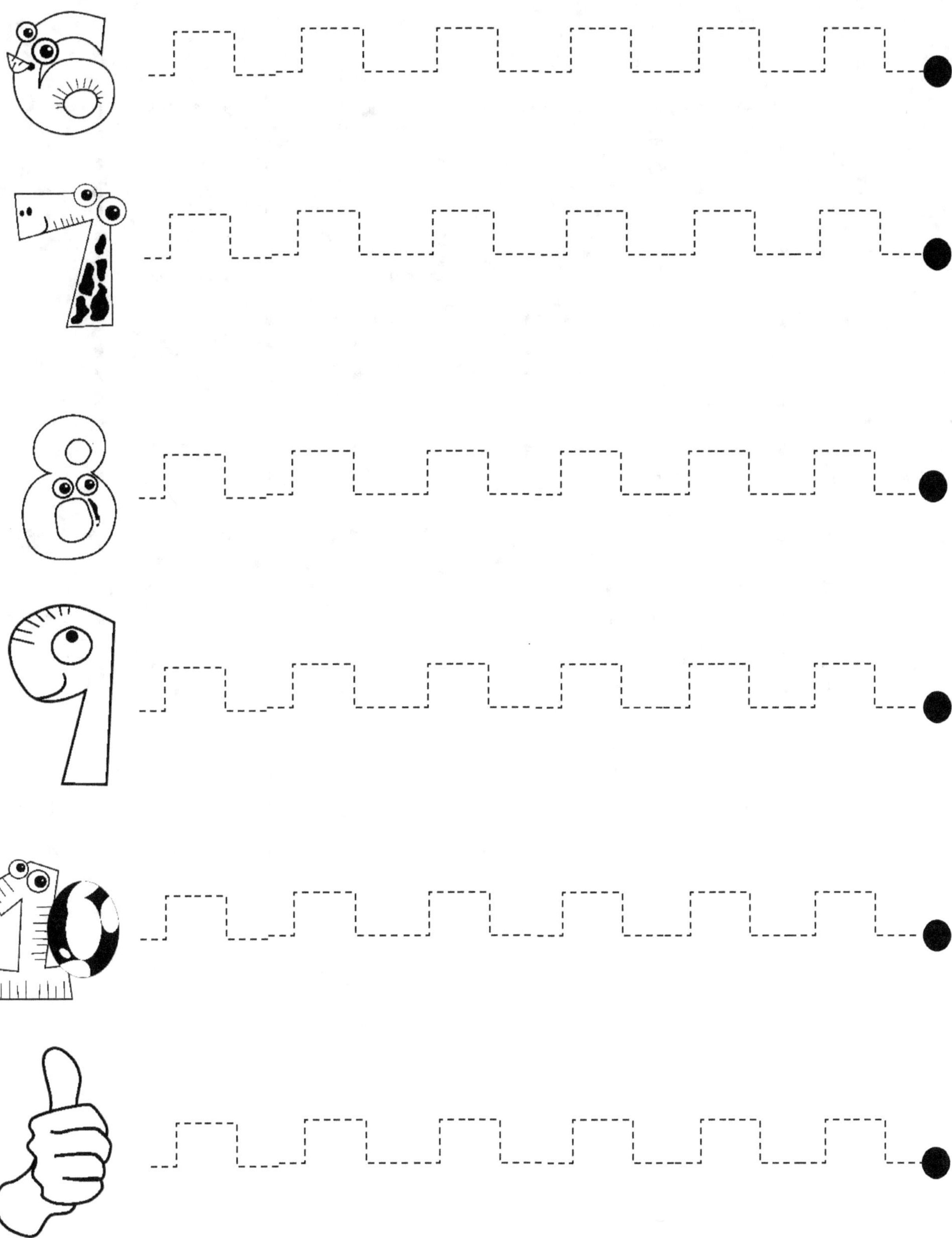

Let's trace

Let's trace

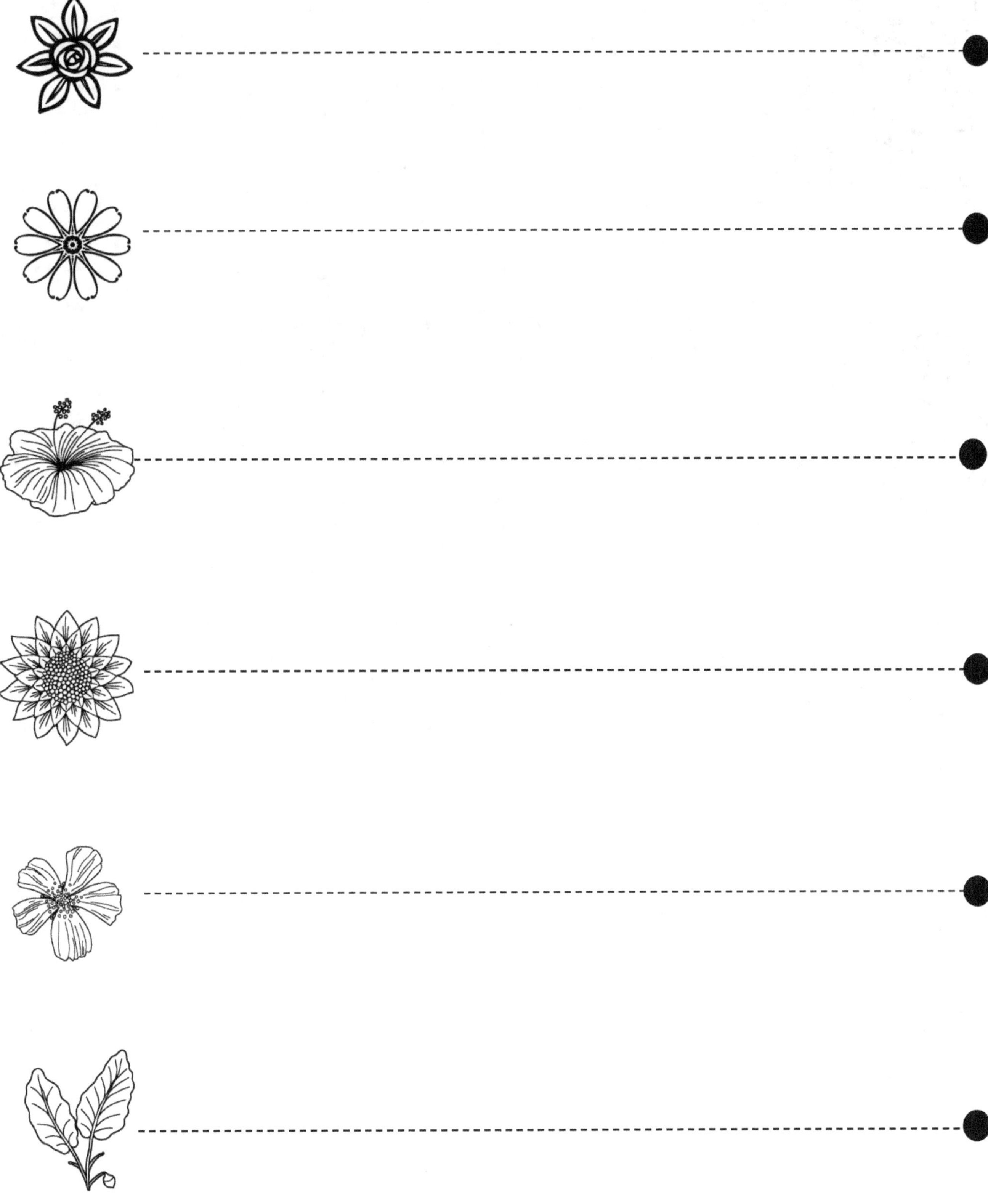

Let's trace

Let's trace

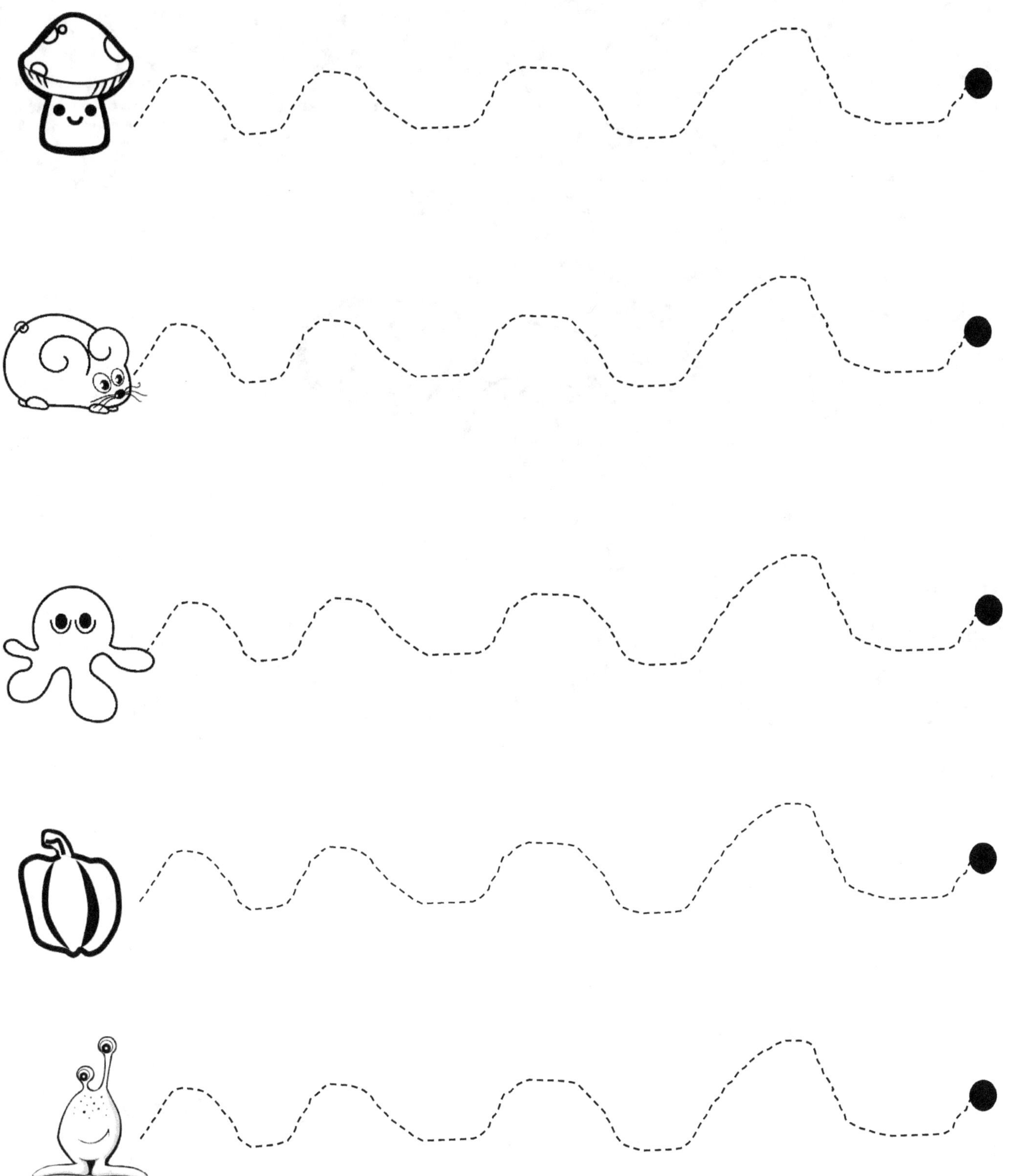

Let's trace

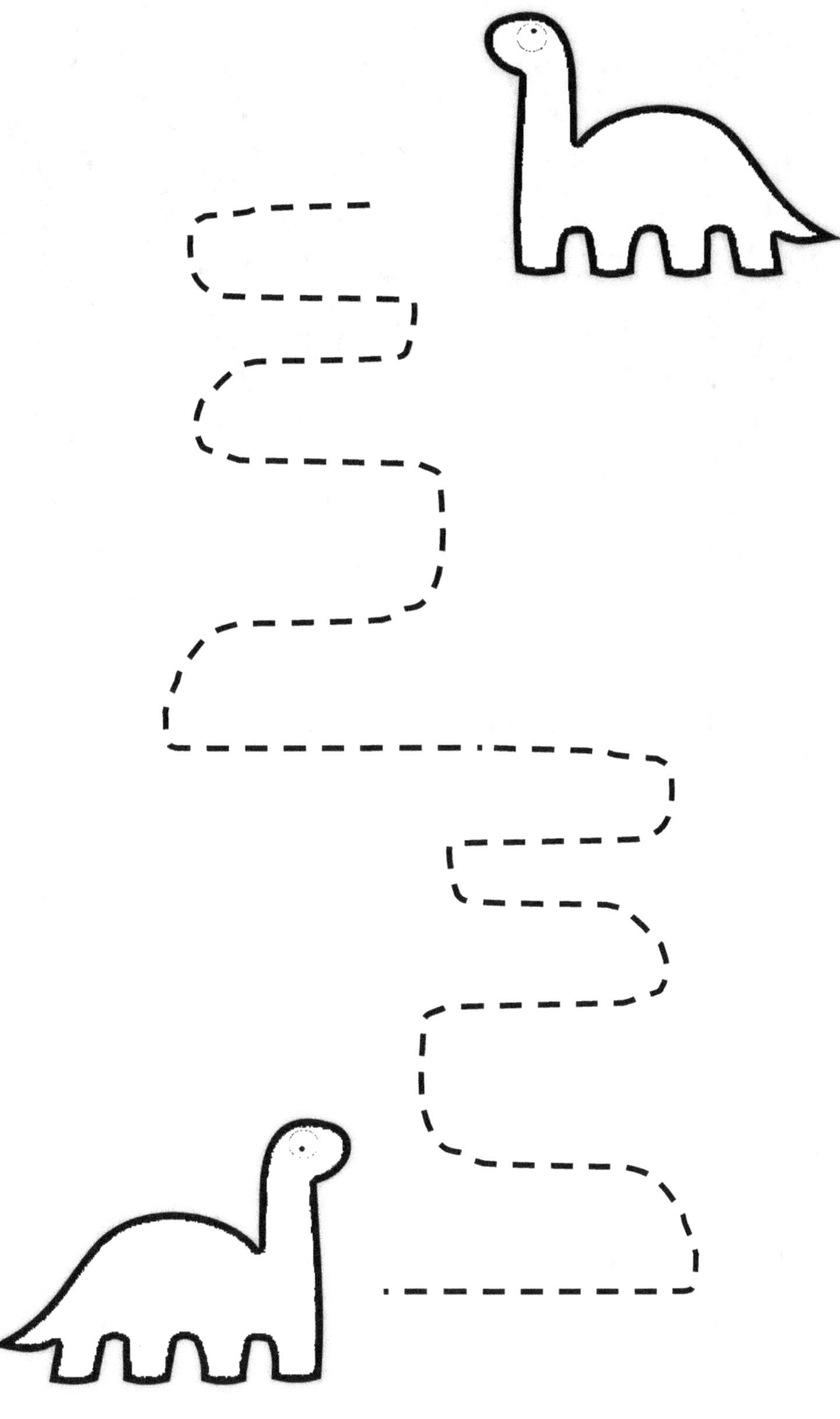

Let's trace

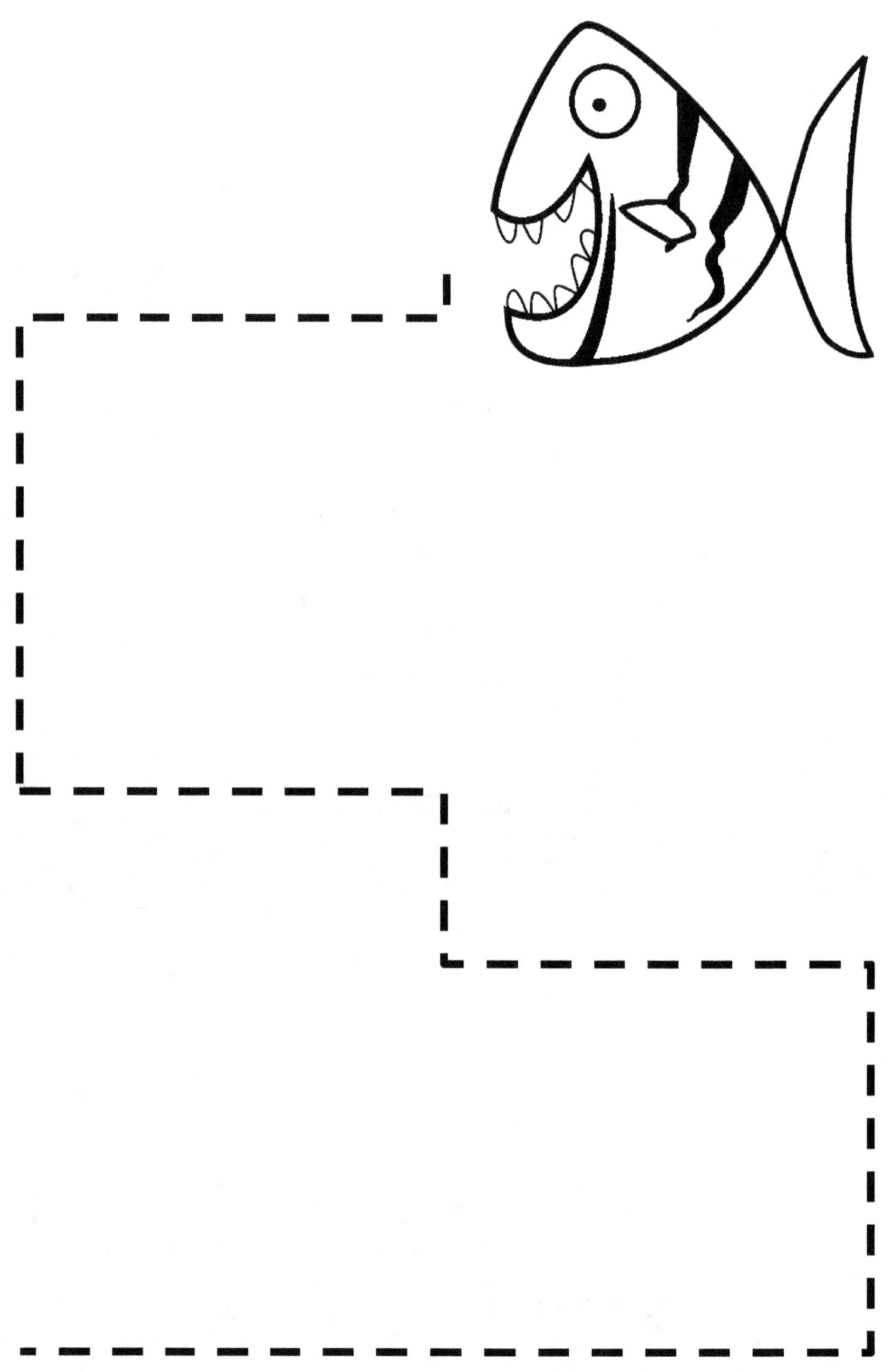

Let's trace

Let's trace

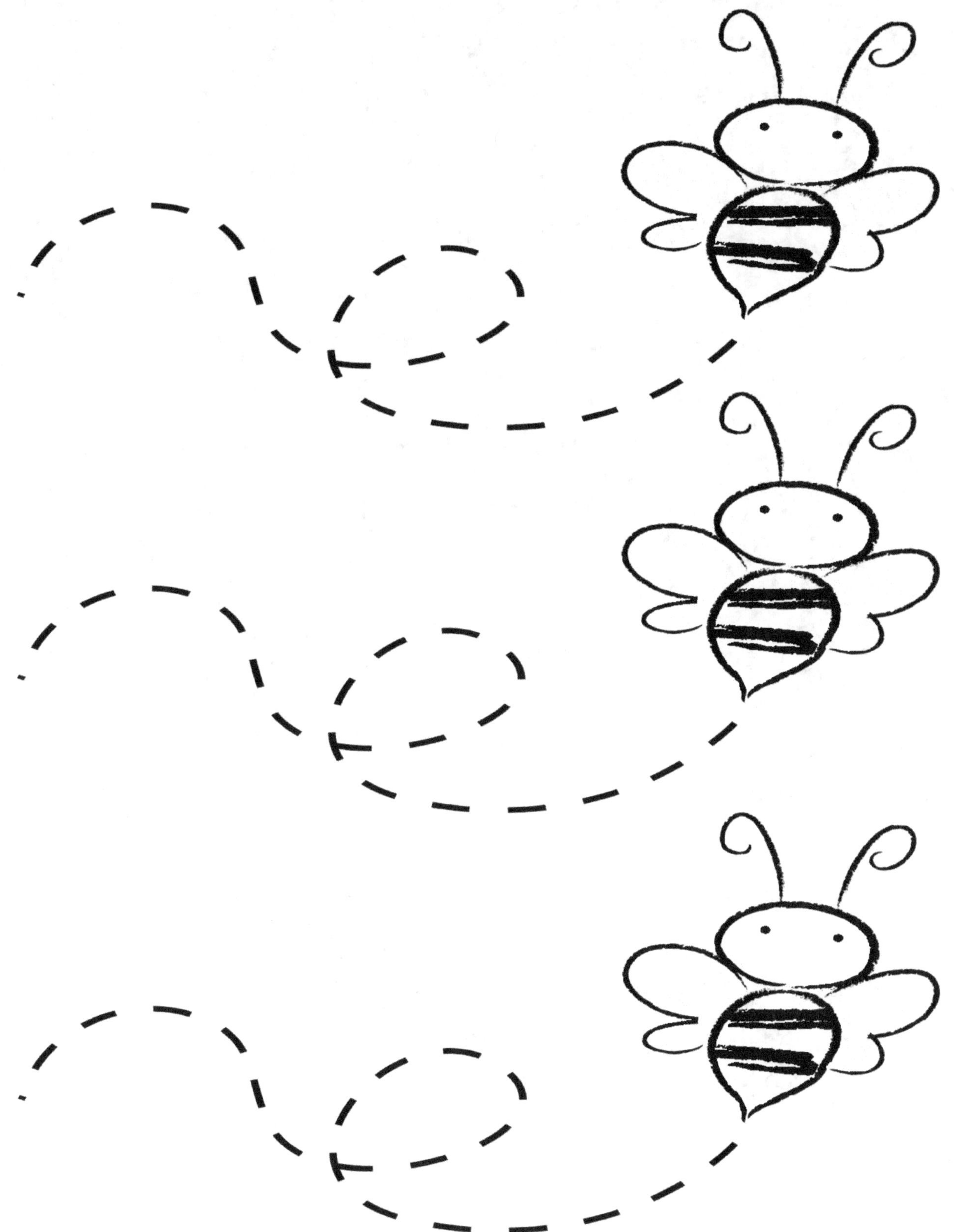

Let's trace

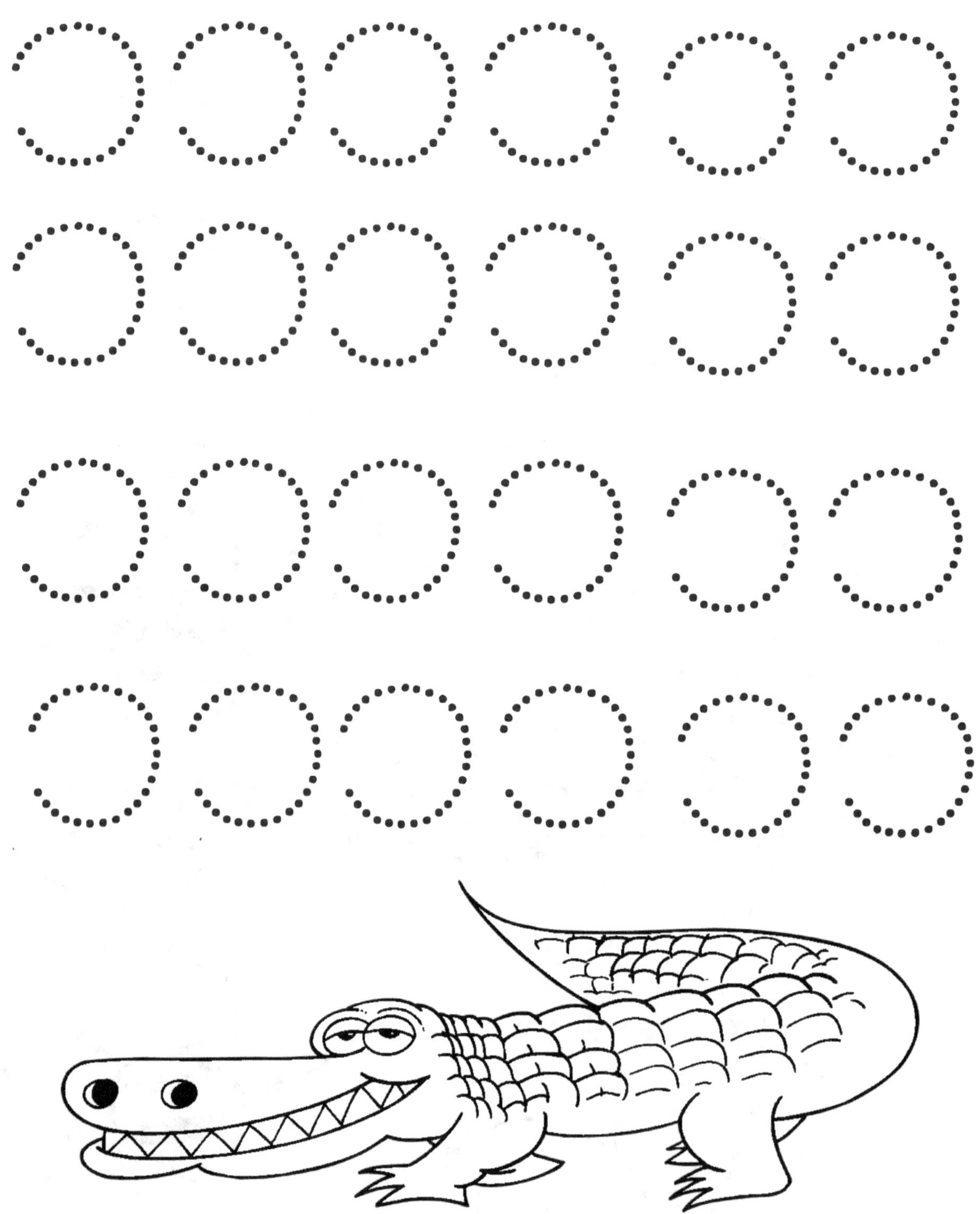

Let's trace

Let's trace

Let's trace

Let's trace

Let's trace

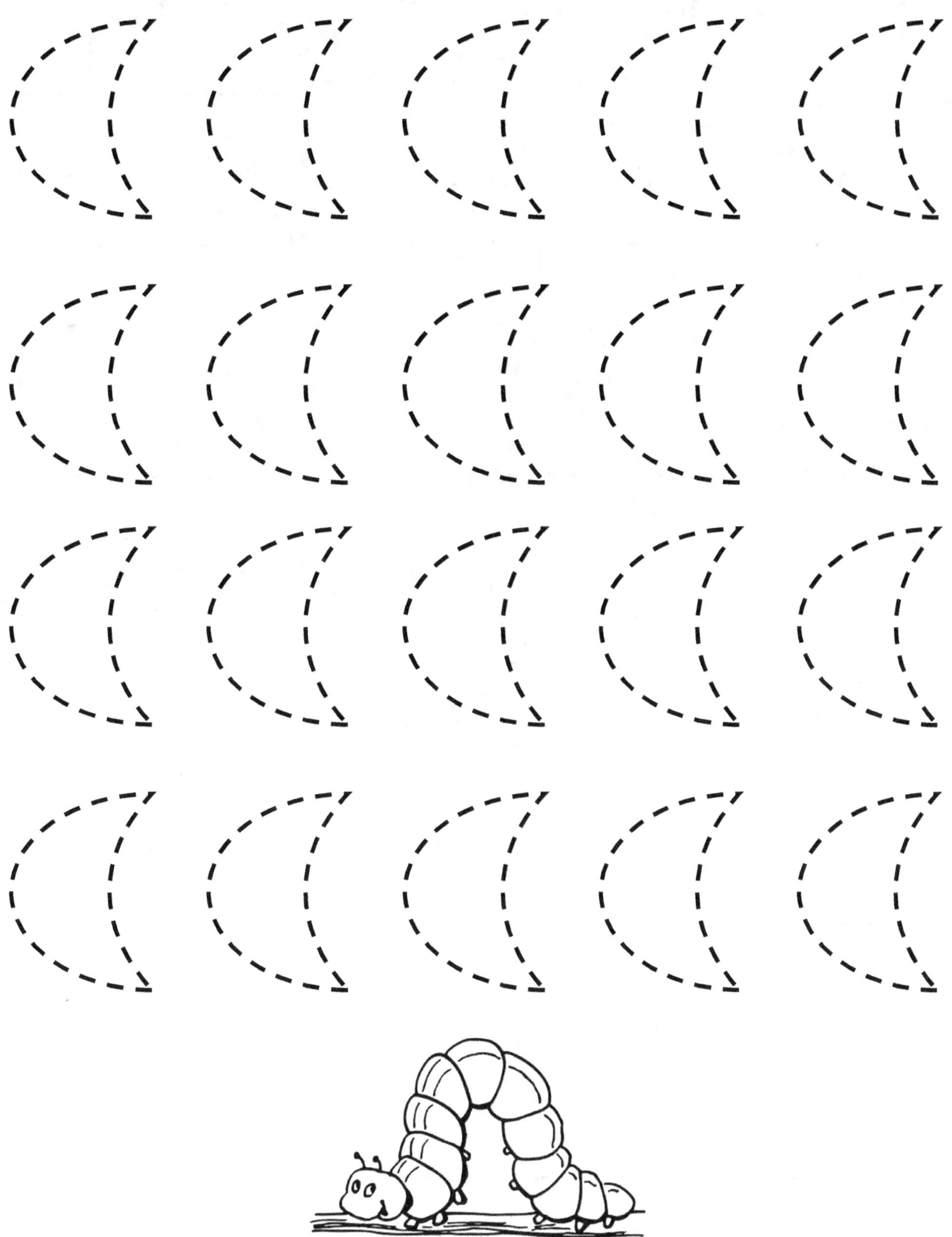

Let's trace

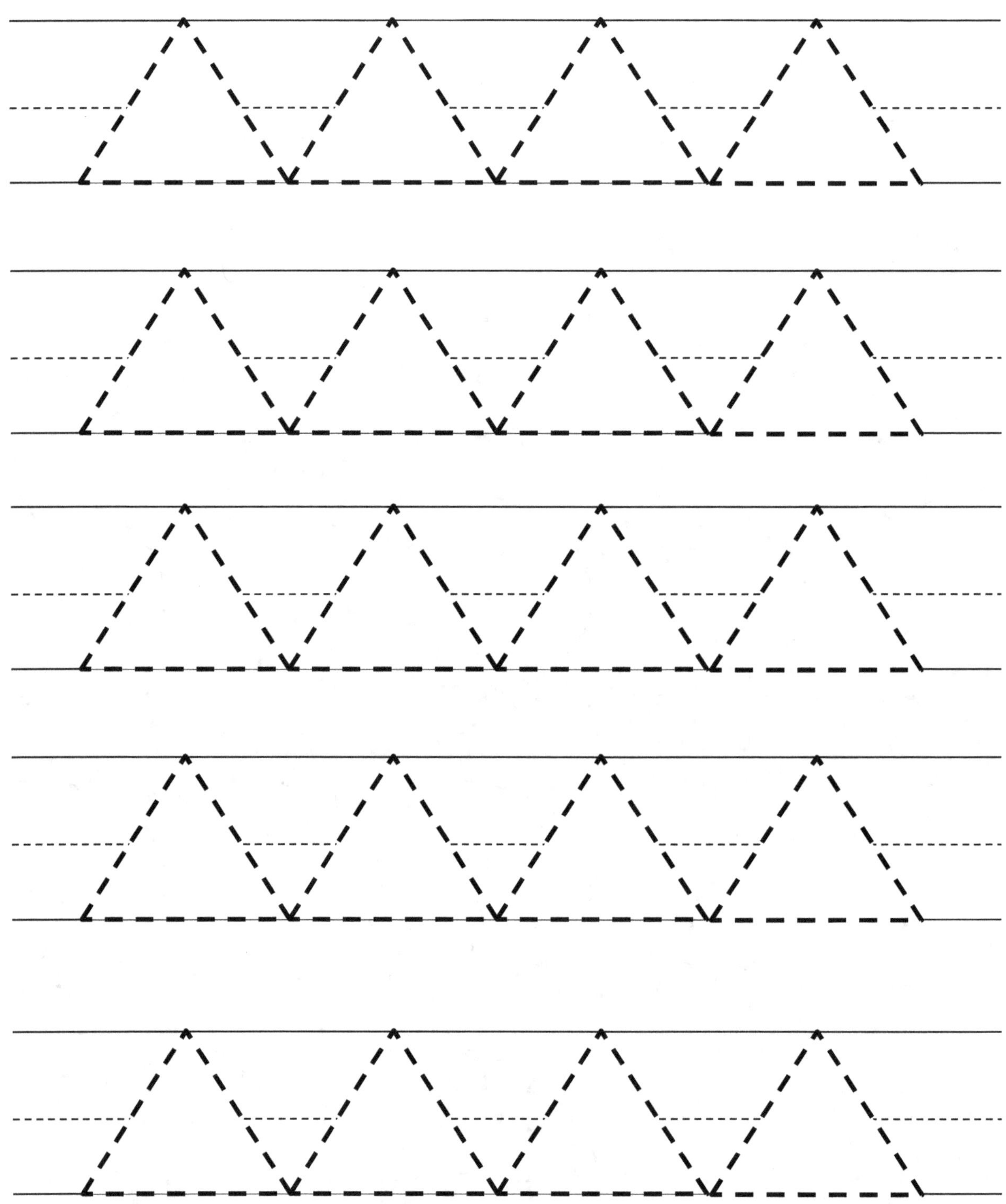

Let's trace

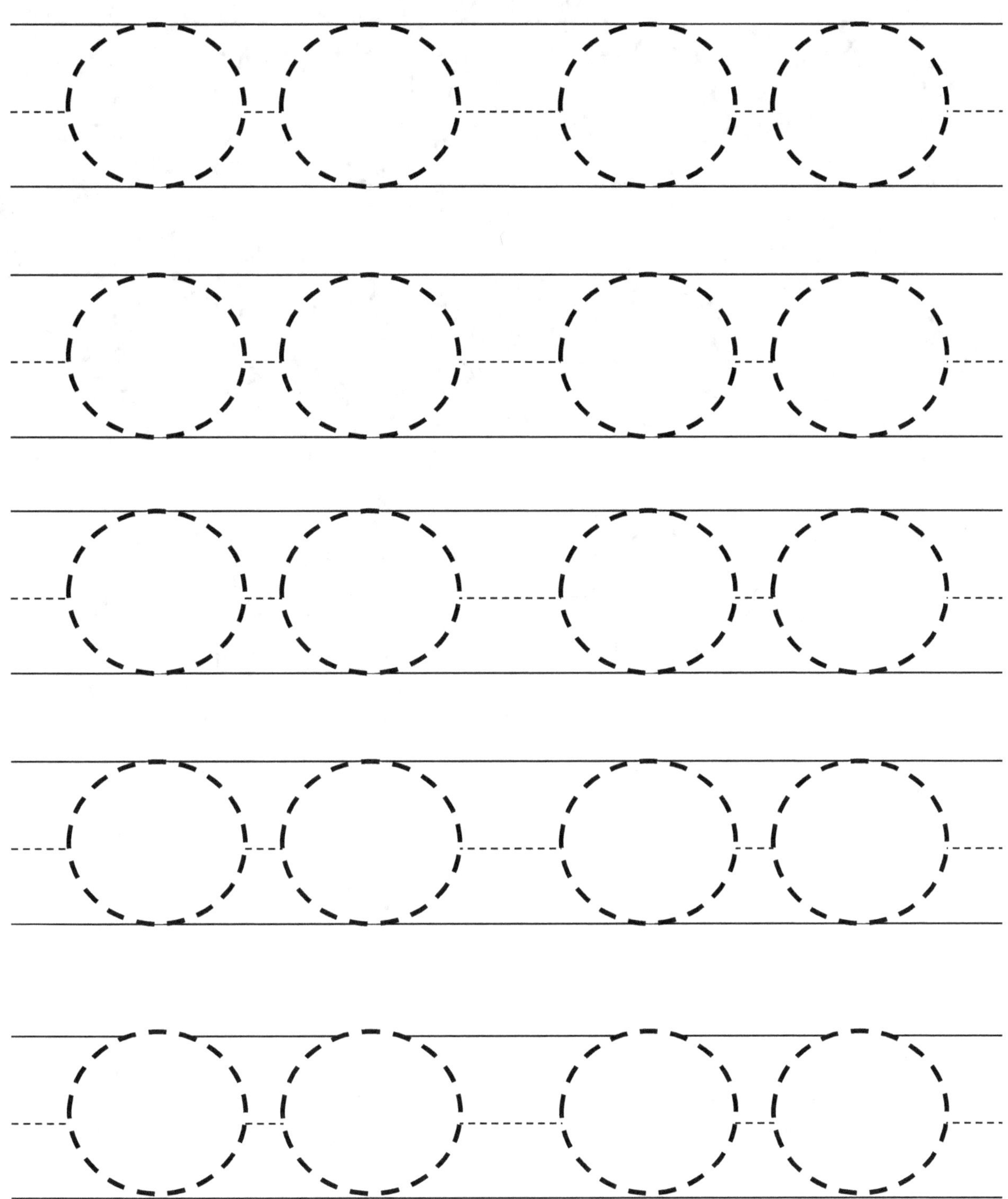

Let's trace

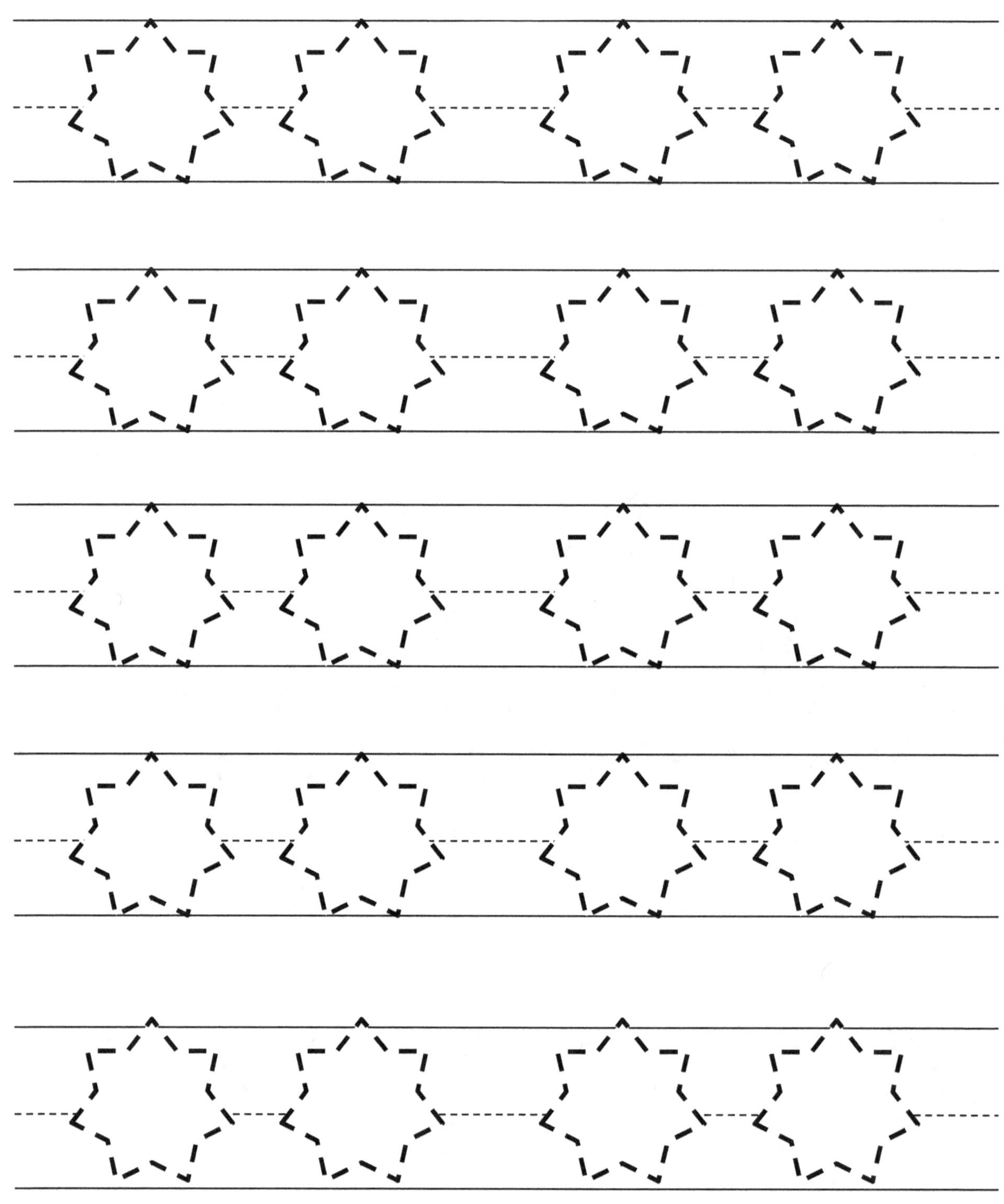

Let's trace

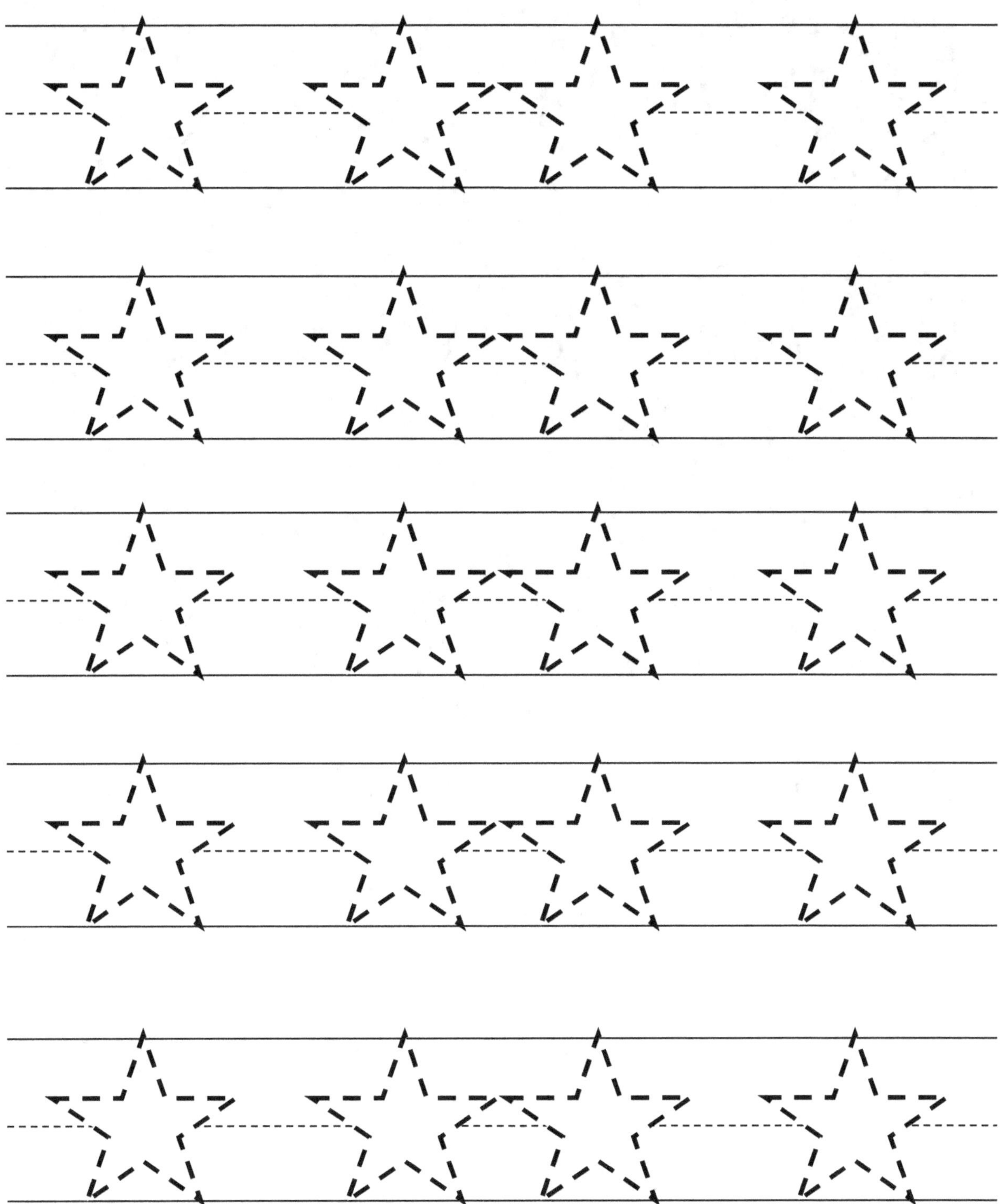

Let's trace

Let's trace

Let's trace

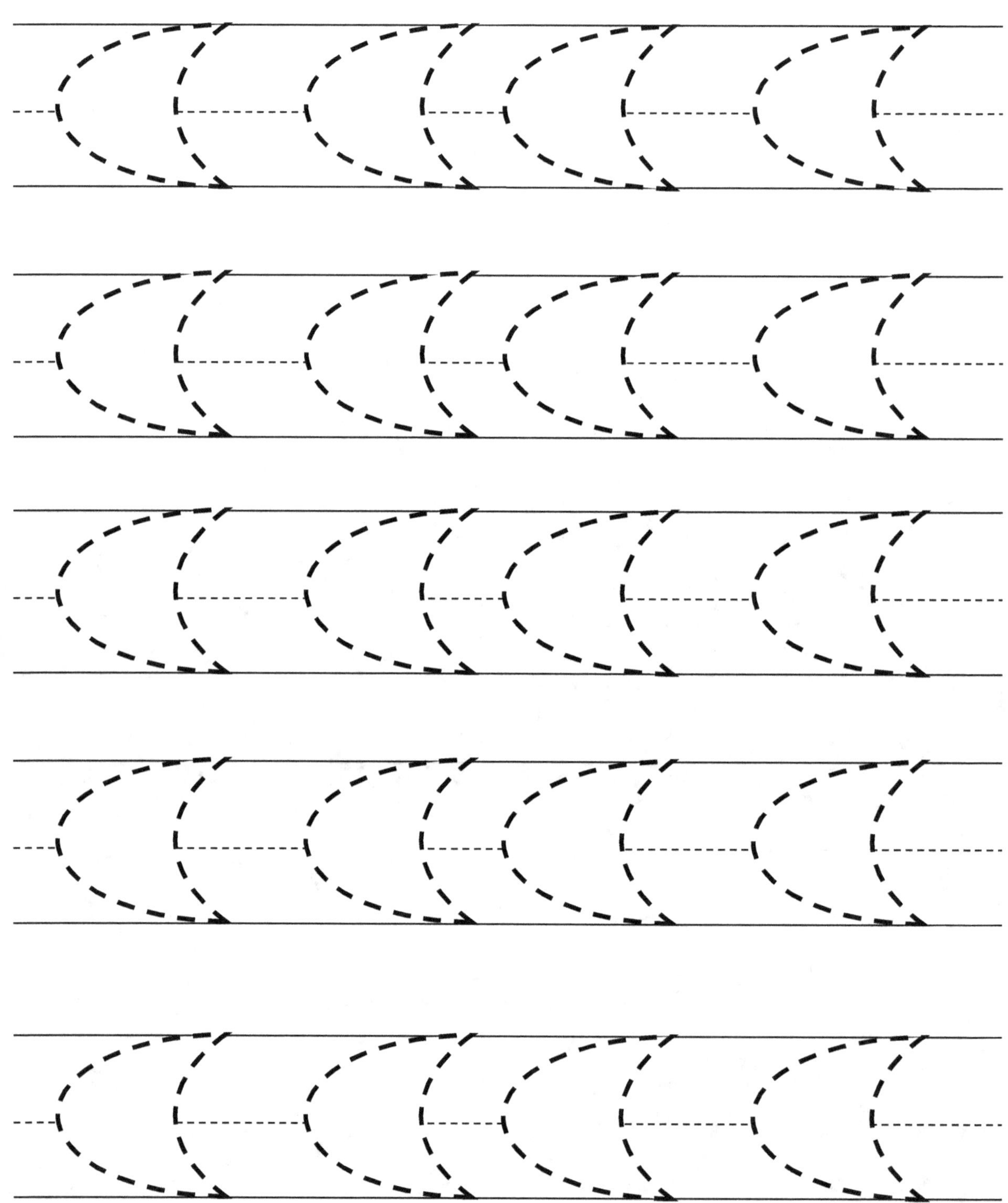

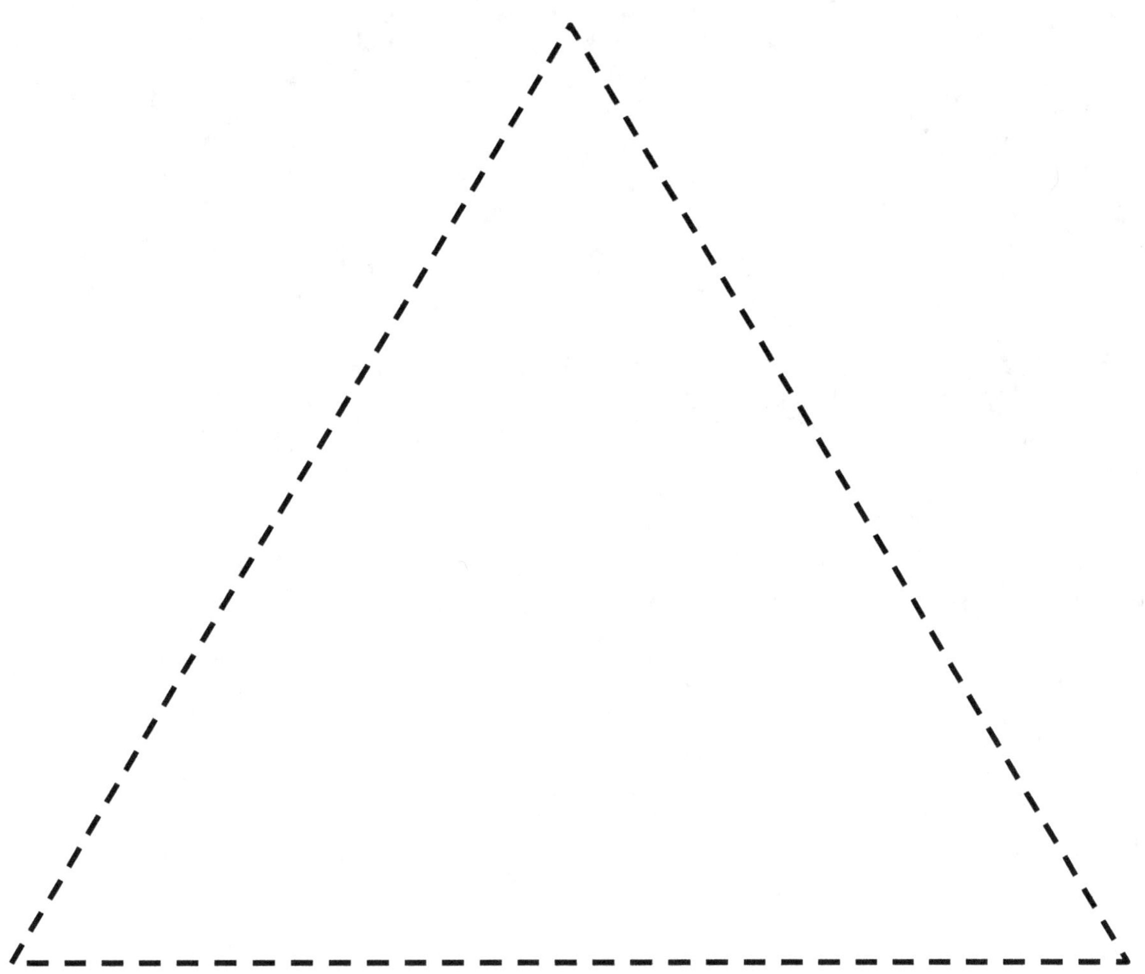

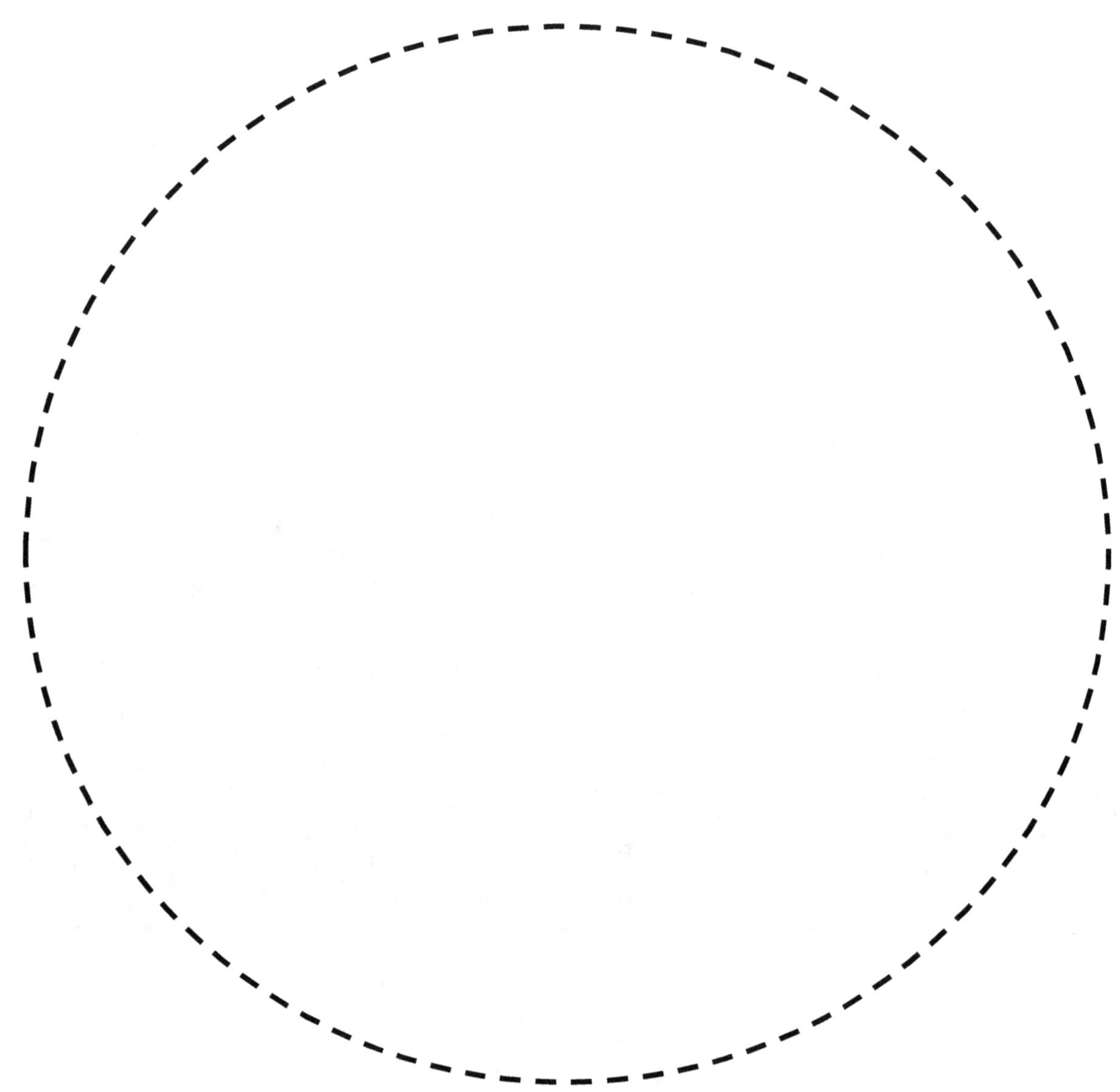

Let's trace

Let's trace

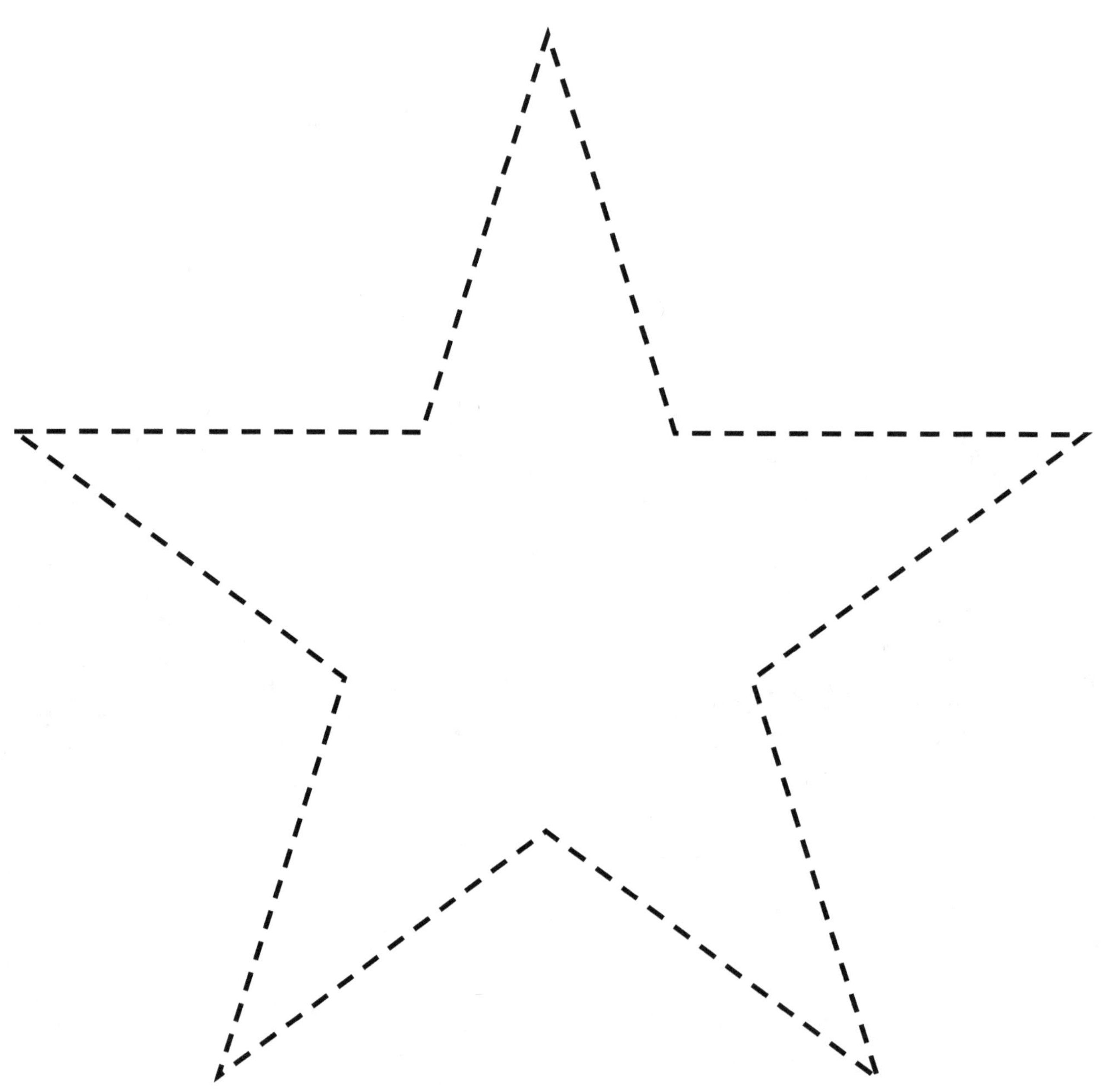

Let's trace

Let's trace

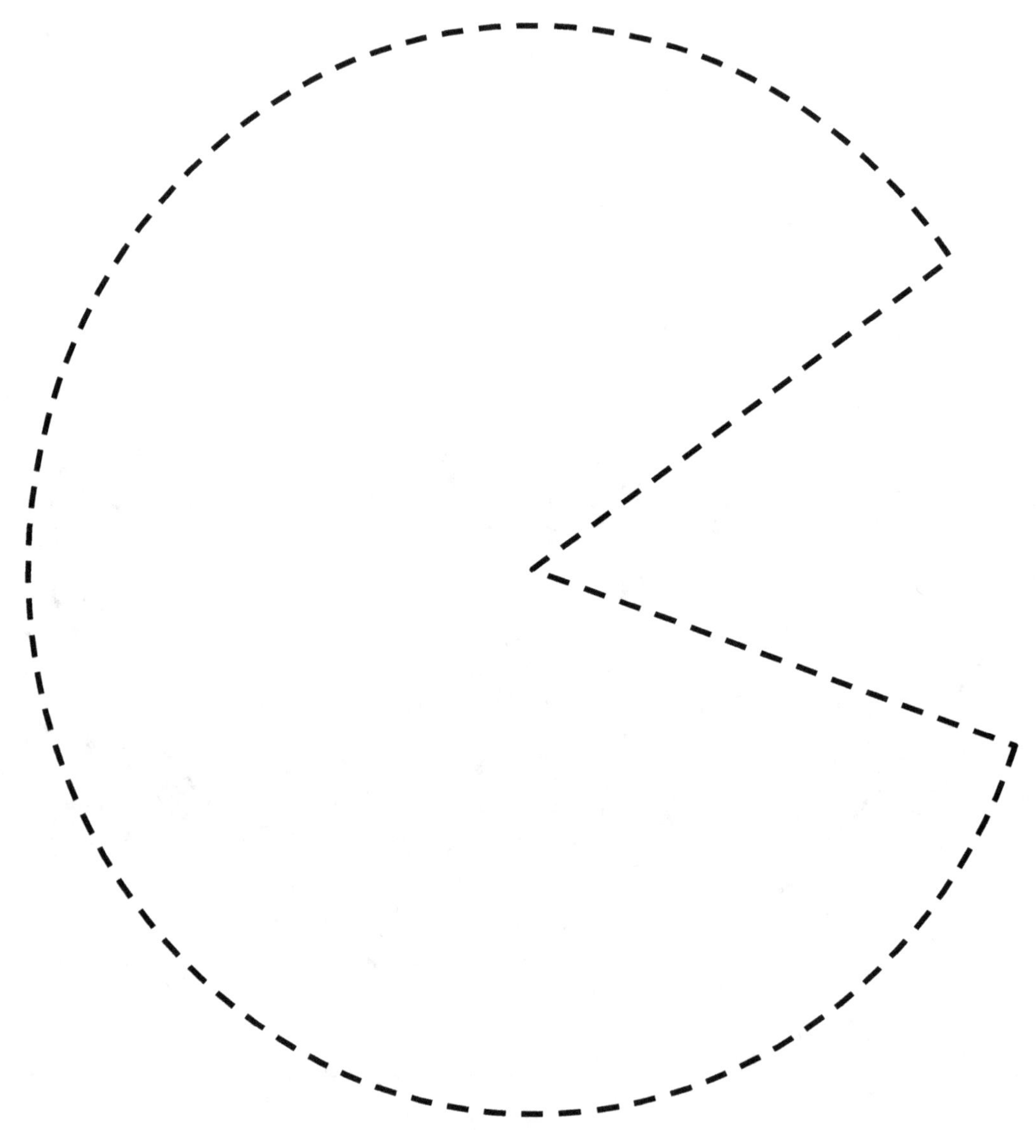

Let's trace

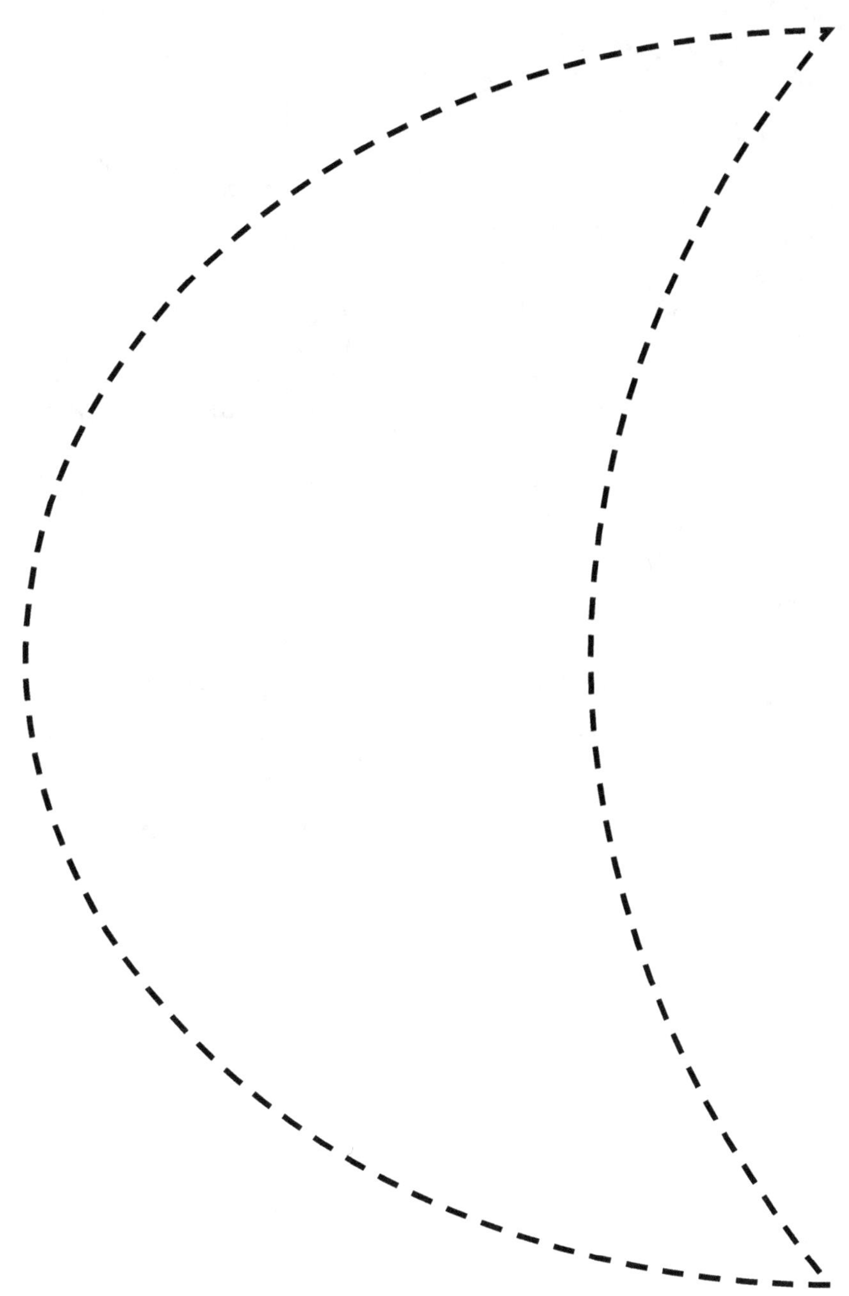

The end